LA

CROIX ROUGE FRANÇAISE

SON ROLE

EN TEMPS DE PAIX ET EN TEMPS DE GUERRE

DISCOURS

PRONONCÉ

DANS L'ÉGLISE SAINT-PIERRE DE BESANÇON

Le 25 février 1892

Par M. l'Abbé Ern. PERRIN

CURÉ DE SAINT-CLAUDE

BESANÇON

IMPRIMERIE ET LITHOGRAPHIE DE PAUL JACQUOIN

Grande-Rue, 14, à la Vieille-Intendance

1892

DISCOURS

PRONONCÉ

DANS L'ÉGLISE SAINT-PIERRE DE BESANÇON

Le 25 février 1892

Monseigneur (1),

Mesdames du Comité bisontin de la Croix Rouge,

Ma première parole, dans cette solennité patriotique, sera pour vous remercier du grand honneur que vous m'avez fait d'adresser ce discours à un auditoire qui comprend l'élite de notre cité. Assurément, mon seul titre à votre choix était d'avoir, il y a quelque vingt ans, sous l'uniforme du soldat, vu de mes yeux les horreurs des champs de bataille, les souffrances que la guerre multiplie et les misères qu'elle traîne à sa suite. Vous avez pensé que le souvenir toujours vivant de mes infortunés compagnons d'armes m'inspirerait des accents qui allument de saints enthousiasmes en faveur de l'œuvre de la Croix Rouge, au succès de laquelle vous faites une bonne part dans votre budget et dans votre temps.

Que Dieu bénisse vos espérances !

Mais, il faut bien l'avouer, ma faiblesse s'est d'abord effrayée d'une pareille tâche, et j'ai hésité à traiter un tel sujet.

(1) S. G. Mgr Ducellier, archevêque de Besançon.

après ce prince de la parole (1) qui, l'an dernier, avec des élans inoubliables d'une éloquence toute patriotique, vous retraçait les origines, les services et les ambitions de la Croix Rouge de France.

Toutefois, j'ai regardé le blason et la devise de votre œuvre et je me suis rassuré. A eux seuls ils prêchent éloquemment et suppléent ainsi aux indigences de la parole humaine. Ce blason est une croix. Or, la croix parle de dévouement et de sacrifice : grandes choses qui gardent le privilège de faire vibrer tous les cœurs. Votre devise est : *Inter arma caritas*, — la charité dans la guerre. Or, de toutes les vertus chrétiennes, la charité est celle qui touche, émeut, captive davantage et provoque l'unanimité dans l'admiration.

Dès lors, parler de la Croix Rouge française, dire ce qu'elle fait en temps de paix, ce qu'elle est appelée à accomplir en temps de guerre, c'est assez pour lui gagner les sympathies de tous, à quelque opinion et à quelque parti d'ailleurs qu'ils appartiennent.

I.

En temps de paix la Croix Rouge a deux sollicitudes : l'une regarde l'avenir, l'autre se tourne vers le passé. L'avenir, c'est la guerre. « La guerre, disait, il y a quelque temps, un » des plus habiles parmi les hommes d'État, elle peut éclater » dans dix jours, comme dans dix ans, et celle d'hier serait » regardée comme un jeu d'enfants à côté de celle de demain. » Il faut donc en prévoir les éventualités redoutables, et nul ne saurait songer sans épouvante et sans tristesse à ces scènes d'horreur, à cette multitude de morts et de blessés qui couvriront les champs de bataille de l'avenir. Le génie militaire multiplie et perfectionne chaque jour ses engins de destruc-

(1) M. l'abbé Touchet, vicaire général de Besançon.

tion, et notre vieille Europe nous donne le spectacle d'une effrayante émulation dans l'art de pratiquer l'homicide en grand.

La Croix Rouge s'en émeut; elle fait appel à la science, au zèle et à l'activité de ses membres, afin d'améliorer ses moyens de soulagement et de salut pour tant de vies humaines compromises. Oui, Mesdames, fondez lingeries et ouvroirs, amoncelez bandes et compresses, remplissez vos arsenaux des armes de la bienfaisance, réunissez un matériel d'infirmerie capable de répondre à des besoins qui dépasseront peut-être toutes les prévisions; préparez pour les blessures plus cruelles un soulagement plus doux et qui se fasse moins attendre; pour les blessés de l'avenir tendez l'aumônière dans nos fêtes; allez plus loin et soyez, s'il le faut, saintement importunes pour accroître vos bataillons sacrés. Donnez libre cours à cette éloquence du cœur qui vous est si naturelle et dont le succès est d'autant plus assuré qu'elle a pour thème le drapeau et le nom de la patrie; parlez des généreux sacrifices, des sublimes dévouements du soldat. Vous serez habiles à persuader, et chaque famille française voudra payer à ces héros du droit et de l'honneur, à ces victimes des victoires ou des défaites, non seulement le tribut légitime de l'admiration, mais la dette sacrée de l'amour et de la reconnaissance, en se faisant inscrire dans le livre d'or de la Croix Rouge.

En même temps qu'elle songe efficacement à l'avenir, votre œuvre n'a garde d'oublier les blessés d'hier. Il est en effet si digne d'intérêt, de compassion et de pitié, le soldat amputé et condamné, depuis la vigueur de l'âge jusqu'au déclin de la vie, à une inaction qui à elle seule est déjà une souffrance de tous les jours. Sans doute la patrie s'intéresse au sort de ce glorieux mutilé, aujourd'hui surtout qu'elle reconnaît en lui l'image de son propre démembrement. La pension dont elle le gratifie suffira aux besoins ordinaires de l'existence. Mais viennent des épreuves inattendues, viennent les infirmités de la vieillesse ou la maladie paralysant la main qui travaillait encore, et l'indigence ira s'asseoir au foyer du brave.

Les anciens disaient que le malheureux est chose sacrée, *res sacra miser*. Le blessé militaire a plus que tout autre cette consécration de l'infortune qui le rend cher et vénérable à tous. Est-ce que ses cicatrices qui sont un signe de gloire, est-ce que ses décorations qui attirent les regards, n'évoqueront point les largesses de la charité? Quoi donc! il aura marché sous les plis du drapeau à la défense du pays; il n'aura compté ni les jours sans repos, ni les nuits sans sommeil, ni même ses blessures, parce que, dans sa conviction, la patrie était digne de plus grands sacrifices encore, et on le laisserait aux prises avec la pauvreté! Non, la Croix Rouge ne le souffrira pas. Elle donne au courage malheureux. Elle voudrait donner largement, et le regret que trop souvent elle éprouve, c'est de ne pouvoir accorder davantage à ceux qui ont sacrifié une si grande part d'eux-mêmes.

Votre œuvre, Mesdames, a été inspirée par la foi autant que par le patriotisme. Aussi bien elle ne s'occupe pas seulement du soulagement des corps, elle songe encore aux âmes et poursuit son action bienfaisante au delà des limites du temps. Fidèle à sa devise, qui est la charité, elle se souvient que l'amour vrai, c'est-à-dire chrétien, ne doit jamais abandonner ceux qui lui ont été ravis par la mort. C'est pourquoi, tout en prodiguant ses secours aux glorieux survivants de nos guerres, elle paie à leurs frères ensevelis dans la tombe le tribut imprescriptible de l'amour qui s'épanche en prières.

Nous savons bien que le soldat mourant pour une cause juste, sous les drapeaux de sa nation, possède un titre puissant à l'indulgence de Dieu. « Qui pourrait douter, disait [illegible] de Maistre, que la mort trouvée dans les combats avait de grands priviléges ? Oui, certes, mourir les armes à la main, les yeux au ciel, la poitrine en face de l'ennemi en criant : Vive la France ! c'est grand, c'est noble, c'est héroïque, et je comprends que l'on ait parfois exalté un tel acte à l'égal de celui du martyr qui verse généreusement son sang pour confesser la foi de son baptême. Et pourtant une doctrine exacte ne nous autorise pas à croire que la mort sur un champ de bataille ait toujours par elle-même la vertu du martyre qui efface jusqu'aux derniers restes du péché. Le combattant est exposé à porter devant le redoutable tribunal plus d'une faute inexpiée. Voilà pourquoi, dans une pensée de charité chrétienne pour les officiers et soldats morts sous les drapeaux, vous faites célébrer l'adorable sacrifice du Calvaire, duquel toutes les autres immolations empruntent leur vertu ; vous le faites célébrer pour tous, chefs illustres ou soldats obscurs, prisonniers expirant loin du sol natal, ou bien pauvres blessés mourant à l'ambulance, consolés par la sœur de charité ou la dame française de la Croix Rouge, dont la main amie lui a fermé les yeux. Pour leur sang répandu, vous offrez le sang divin, pour leur vie terrestre immolée au devoir vous leur rendez une vie éternellement heureuse. Et chacun ici, prêtres et laïques, applaudit à votre pieuse pensée. Plus que tous, le chef de ce diocèse l'encourage et la bénit, parce que, dans sa grande âme, le patriotisme est à la hauteur de la foi.

Ah ! sans doute, il nous serait plus consolant d'aller nous agenouiller sur la tombe de ces vaillants pour y prier et y pleurer, comme le faisaient les vieux Gaulois s'assemblant au pied du dolmen qui recouvrait les cendres de leurs guerriers et y prenant de patriotiques résolutions ratifiées par tout le peuple. Mais, hélas ! nos braves sont semés dans les plaines de la moitié de la France, ou ensevelis dans une fosse commune. Leur vaste tombe s'étend des bords du Rhin aux rives de la Loire, des côtes de Tunis aux lointaines vallées du Tonkin.

Ah ! du moins, réunissons-les en ce moment par la pensée autour de cette représentation funèbre, et, tandis que le Pontife y répandra l'eau sainte et la fumée de l'encens, faisons monter nos ardentes supplications vers le ciel.

Seigneur, à tous nos soldats morts donnez le lieu du rafraîchissement, de la lumière et de la paix. Payez leurs souffrances par la possession du royaume où il n'y a plus de deuil ni de larmes. Ils ont connu de si grandes angoisses, mon Dieu, arrachez-les donc aux rigueurs des dernières expiations ! Ils ont affronté de si rudes labeurs, qu'ils ne restent point sans récompense : *tantus labor non sit cassus !* Doux Jésus, donnez-leur le repos éternel !

Voilà, Mesdames, l'œuvre que vous accomplissez en temps de paix. Vous la faites avec un zèle que le pays admire et bénit. Vous vous montrez ainsi les chrétiennes des beaux siècles de l'Église, les Françaises des meilleurs âges de foi. Je n'essaierai pas de vous en louer. La parole de l'homme n'ajoute rien au mérite de la femme forte. Ses œuvres, dit l'Esprit-Saint, sont sa meilleure louange, et leur langage est compris de tous : *Laudent eam in portis opera ejus* (1).

II.

Que Dieu inspire la justice, la modération et l'amour de la paix à ceux qui président aux destinées des peuples ! qu'il nous épargne la vue de ces drames sanglants où des nations s'acharnent les unes contre les autres dans une pensée commune de destruction et de mort ! Qu'il recule dans l'avenir

(1) *Prov.*, XXXI.

le plus lointain l'heure terrible et redoutée des mères, *bella matribus detestata* (1).

Si Montaigne a pu appeler la guerre la plus grande et pompeuse des actions humaines, à cause des généreux dévouements qu'elle provoque et de la mâle intrépidité avec laquelle la défense d'une noble cause fait affronter la mort, nous, mes frères, avec Bossuet, nous voyons dans la guerre ce qu'il y a de plus fatal à la vie humaine. La guerre! nous la flétrissons, car elle ruine, elle tue, elle mutile, elle sème le deuil dans les familles et ouvre aux cœurs des mères la source des douleurs dont elles ne se consolent jamais, « parce que leurs fils ne sont plus (2). »

Et pourtant cette heure si redoutée est par ailleurs inévitable, tant que la France reste humiliée et déshonorée de son démembrement. Cette heure, l'Alsace et la Lorraine l'attendent avec une vivacité de désirs dont personne n'a le droit de s'étonner, quand on songe que ce sont des filles séparées de leur mère et que cette mère s'appelle la France.

« Les enfants de l'Alsace et de la Lorraine, écrivait, il y a » vingt et un ans, l'ardent évêque d'Angers dont l'Église et » la patrie pleurent la mort récente, ils ont sucé avec le lait » de leurs mères l'amour de la France, et cet amour a été, » comme il demeurera, l'une des passions de leur vie. »

Aussi je comprends que l'idée de la revanche soit au fond des aspirations d'un grand nombre, et je crois traduire votre pensée, Messieurs, en affirmant qu'il vous est dur de vieillir sans l'avoir vue.

Oui, la guerre a des horreurs sanglantes ; mais sans elle on ne peut obtenir la victoire, et qui de nous ne souhaite une victoire qui rende à la France son rang séculaire parmi les nations ?

(1) Horat., *Od.* I.
(2) *Jerem.*, XXXI.

Quoi qu'il en soit, la prochaine guerre est pour épouvanter les moins timides. Il y aura une telle effusion de sang, un si horrible déchaînement de malheurs et, disons le vrai mot, une telle tuerie d'hommes, que ce ne sera pas trop de tout le dévouement et de toutes les industries charitables des dames françaises de la Croix Rouge, pour le pansement de plaies si nombreuses et la consolation de si cuisantes douleurs?

A la première déclaration des hostilités, votre place sera donc désignée pour les ambulances des champs de bataille ou pour celles des villes frontières. Vous devrez alors déployer toutes les riches ressources dont vous ont dotées la nature et la grâce : ressources de maternel et délicat dévouement pour soigner les plaies, ressources de tendre compassion pour adoucir les angoisses, ressources de la foi et de la piété pour rendre la douleur méritoire et amener la résignation chrétienne. Pour les martyrs du devoir et de l'honneur vous aurez ces paroles de l'âme qui tempèrent l'amertume des souffrances. Nulles peines que votre sympathie n'allège : elles se dissiperont aux rayons de votre charité, comme les gelées d'automne se fondent le matin aux premiers rayons du soleil.

Ainsi, vous conserverez la vie à nombre de vos concitoyens, et la patrie vous en sera reconnaissante; car, bien qu'ils aient quelques os de moins, ces glorieux mutilés garderont leur cœur entier, et ce cœur battra toujours d'un noble et saint amour pour la France. Et qui sait? Un jour peut-être ils décideront de la victoire.

N'est-ce pas à un de ces capitaines amputés que Henri IV écrivait, après la bataille d'Arques : « Je vois que qui n'a » bon pied a bon œil, et de serviteurs tels que vous j'estime » bons même les morceaux. »

Que si, Mesdames, malgré vos soins, vos vœux et vos prières, vous ne pouvez retenir une vie qui s'échappe, il vous restera de préparer les âmes de vos soldats à la véritable immortalité de la gloire par l'acceptation généreuse de la mort, qui est le dernier et le plus grand des sacrifices.

A ce jeune homme qui ne reverra plus ni sa famille ni sa maison, qui n'embrassera plus ni son père, ni sa mère, ni ses frères, ni ses sœurs, qui n'aura pas même la consolation de dormir dans le cimetière de son village, rappelez qu'il est beau et qu'il est doux de mourir pour la patrie, puisque c'est à ce prix que la patrie achète sa gloire et son bonheur. Dites-lui que, bénis et réconciliés avec Dieu, ceux qui meurent sans récompense terrestre échangent la figure de ce monde qui passe pour la réalité des joies qui ne finissent jamais.

Ainsi, grâce à vous, la mort montrera un visage souriant à tous ceux qui s'enseveliront dans leur vaillance comme dans un tombeau d'honneur, parce qu'elle sera une mort chrétienne.

Ce rôle charitable serait aussi le vôtre à l'occasion, Messieurs les officiers. Lions sur les champs de bataille, vous sauriez être tendres comme des mères en face de la souffrance au service du pays.

L'histoire contemporaine mentionne les nobles exemples de vos illustres devanciers. Pour moi, j'ignore s'il est un trait plus touchant que celui du maréchal Baraguay d'Hilliers, parcourant, sur le champ de bataille de Montebello, une ambulance improvisée, encourageant nos pauvres soldats et montrant son bras mutilé à ceux dont le couteau du médecin allait entamer les os : « Allons, mes enfants, disait-il, j'ai passé par là ! »

N'avez-vous pas admiré le même charitable dévouement chez l'héroïque et saint général de Sonis, dont on a dit que la mémoire traversera les générations entourée du respect et de la vénération de tous, parce qu'il a été grand devant Dieu et devant les hommes?

Vingt fois on le vit aidant au transport et au pansement de nos braves, souriant aux uns, relevant les autres, inspirant la confiance par des paroles de foi et provoquant des retours à Dieu qui furent la suprême consolation des mourants et la force de ceux qui leur survivaient. « C'était vraiment une apparition d'un monde supérieur que cette visite » d'apôtre. Là où il avait passé, le prêtre pouvait venir ; il » trouvait des cœurs ouverts et des âmes prêtes (1). »

De tels exemples sont bien faits pour inspirer aux plus humbles d'entre nous des mouvements d'orgueil national. C'est votre immortel honneur, Messieurs, que des caractères si fortement et si chrétiennement trempés sortent de vos rangs. Grâce à Dieu, la race n'en est point épuisée. Notre terre de France est toujours féconde pour germer des cœurs vaillants et des âmes compatissantes. La bravoure et la pitié s'allient merveilleusement et s'embrassent dans la poitrine de nos guerriers. C'est la réalisation de la parole d'un héros des temps bibliques : La douceur est sortie du fort, *de forti egressa est dulcedo* (2).

Mais je n'ai pas dit encore ce qui achève de recommander à l'admiration du monde l'œuvre de la Croix Rouge ; c'est que ses membres ne limitent pas les services de la charité à leurs propres concitoyens, mais ils en font profiter les blessés ennemis eux-mêmes. « Son principe est qu'il n'y a plus de » nationalité pour le blessé militaire ; une fois hors de com- » bat, il n'appartient plus qu'à la grande famille humaine, et » c'est un drapeau commun qui le couvre, le drapeau de la » Croix : *Hostes, dum vulnerati, fratres.* L'ennemi, du moment » qu'il est blessé, devient pour nous un frère (3). » Vous ne verrez donc en lui qu'un membre souffrant de Jésus-Christ,

(1) Mgr Baunard, *Histoire du général de Sonis.*
(2) *Judic.*, XIV.
(3) Mgr Freppel.

vous l'entourerez des mêmes empressements que vous prodiguez aux soldats français. Vous aurez pour lui les mêmes paroles du cœur et vous ferez naître dans son âme les mêmes immortelles espérances. Voilà le triomphe de la charité, voilà ce qui fait de la Croix Rouge une institution chrétienne autant que patriotique, puisque la religion est la source première d'où jaillissent ces actes de vraie confraternité qui nous tiennent suspendus entre l'étonnement et l'admiration.

La charité dans la guerre! Comme elle pratiquait bien cette devise, notre sainte et héroïque Jeanne d'Arc! — Ne vous étonnez pas que j'évoque en ce moment son souvenir, puisque c'est à cette date, le 25 février 1429, qu'elle commençait sa glorieuse mission, en portant le secours du ciel à son roi et à sa patrie.

Or, savez-vous comment, après ses étonnantes et rapides victoires, elle traitait les ennemis blessés et prisonniers? Ces ennemis, c'étaient les Anglais ; c'étaient ceux qui, depuis cent ans, écrasaient la France, qui pillaient ses campagnes, qui tenaient ses chevaliers captifs dans leurs noirs donjons, que dis-je? c'étaient ceux qui, après la bataille, avaient lâchement massacré, à Azincourt, les Français prisonniers! Les voilà à leur tour entre les mains des Français vainqueurs. Ah! dit le poète,

Il est des voluptés dans la vengeance aussi.

Eh bien! non, pour la grande âme de Jeanne, elles n'existent pas, ces voluptés féroces. Pour elle, un ennemi vaincu, blessé, est un frère : *hostes, dum vulnerati, fratres.* Aussi voyez comme elle calme les fureurs de ses compagnons, et arrête leur bras prêt à frapper! Elle, tout à l'heure si menaçante et si redoutable, elle pleure maintenant à la pensée des âmes qui ont comparu devant Dieu sans confession. Elle descend de cheval, elle se penche vers le pauvre blessé qui meurt, elle soutient sa tête défaillante, l'excite au repentir de ses fautes, lui parle du ciel, et, après avoir ravi ses compagnons par son courage, elle ravit ses ennemis par sa charité.

Membres de la Croix Rouge française, saluez votre illustre devancière, et puissent ses exemples vous communiquer cette énergie surhumaine qui nous la montre jusqu'à sa dernière bataille brave comme un héros et tendre comme une mère.

J'ai fini, mes frères, et il ne me reste plus qu'à tirer la conclusion de ce discours. La conclusion, c'est l'aumône que l'on va solliciter de vous en faveur de cette œuvre où la religion s'associe dans une harmonie parfaite avec le patriotisme. Or, l'aumône,

> L'aumône est l'épargne céleste,
> C'est la seule qui plaise à Dieu,
> Et c'est la seule qui nous reste,
> Quand au monde il faut dire adieu (1).

Oui, cette épargne vous restera quand vous comparaîtrez devant le souverain Juge des actions humaines et, sans doute, elle couvrira à ses regards de nombreuses défaillances.

Mais elle restera aussi dans le cœur reconnaissant des malheureux blessés de la guerre future. Ils ne sauront point votre nom ; qu'importe! ils n'en béniront pas moins leurs bienfaiteurs, et les mérites de leur souffrance résignée allégeront à leur tour les supplices par lesquels peut-être à ce moment vous satisferez aux dernières exigences de la justice divine. Ainsi, une fois de plus, sera vérifié l'oracle évangélique : *Beati misericordes, quoniam ipsi misericordiam consequentur.* — Bienheureux les miséricordieux, parce qu'à leur tour ils obtiendront miséricorde (2).

(1) Henri de Bornier.
(2) *Matth.*, v.

Donc, mes frères, si j'ai réussi à vous faire aimer la beauté de ces attendrissements généreux pour la plus noble et la plus imméritée des souffrances, vous le direz tout à l'heure en versant votre aumône dans les mains qui se tendront vers vous au nom de la bravoure et de la piété, au nom de la religion et de la patrie !

BESANÇON. — IMP. ET STÉRÉOT. DE PAUL JACQUIN.

94

www.ingramcontent.com/pod-product-compliance
Lightning Source LLC
LaVergne TN
LVHW010411240826
846091LV00020B/3627

* 9 7 8 2 0 1 9 9 5 7 6 5 0 *